Preussisch-Süddeutsche Klassenlotterie?

Von

Dr. Heinrich Rheinstrom
Rechtsanwalt in München.

1912.
München und Berlin.
J. Schweitzer Verlag (Arthur Sellier).

Druck: Dr. F. P. Datterer & Cie. (Arthur Sellier), München-Freising.

Am 31. Juli 1911 wurde die Öffentlichkeit durch die Publikation eines Staatsvertrags überrascht, der zwei Tage zuvor von Preußen mit Bayern, Württemberg und Baden geschlossen worden war. Durch den Staatsvertrag sollte, wie in einem der ihn begleitenden Zeitungsartikel zu lesen stand, für Preußen und die süddeutschen Staaten ein „neues, wichtiges Gebiet gemeinsamer staatlicher Arbeit und gemeinsamer wirtschaftlicher Interessen" erschlossen, die deutsche Einheit in bedeutungsvoller Weise gefördert werden. Und die Aufgabe des Staatsvertrags? Euphemistisch nennt der Vertrag als seinen Zweck die „Regelung der Lotterieverhältnisse".

Dieser Zweck soll erreicht werden durch die Einführung der preußischen Klassenlotterie in Süddeutschland. Die beabsichtigte „Regelung der Lotterieverhältnisse" bekommt dadurch einen stark einseitigen Charakter. Im Gegensatz zu Preußen, das eine alteingeführte Staatslotterie besitzt und sie zielbewußt immer wieder erweitert hat, haben die süddeutschen Staaten bisher auf Einnahmen aus staatlich geleitetem Glücksspiel verzichtet. Südlich des Mains bestehen also eigentlich gar keine „Lotterieverhältnisse", die zu „regeln" wären.

Für die süddeutschen Staaten handelt es sich aber überhaupt nicht um die Regelung eines staatlicher Ordnung besonders bedürfenden Gebietes, sondern einfach um die Erschließung einer neuen Einnahmequelle. Die hiebei zutage getretene Abkehr von bewährten Grundsätzen der Volkswirtschaft und Ethik ist tief bedauerlich.

Leider hat sich die Öffentlichkeit in Süddeutschland bisher fast gar nicht mit den überaus bedeutungsvollen Fragen beschäftigt, die durch den Staatsvertrag aufgerollt werden. Der Eifer, mit welchem seitens der beteiligten Regierungen auf eine möglichst beschleunigte parlamentarische Behandlung hingewirkt wurde, wirkt angesichts der Wichtigkeit des Problems geradezu befremdlich. Beispielloses in der Durchpeitschung des Entwurfs leistete die württembergische Kammer, von welcher der Staatsvertrag und das Lotteriegesetz zwei Tage nach seinem Abschluß ohne jede Kommissionsberatung im Plenum angenommen wurde.

Nicht viel besser ging es in Baden: eine halbstündige Diskussion in der allgemeinen Budgetkommission und sofortige Annahme im Plenum der Kammer.

Und dies bei einer Vorlage, die für süddeutsches Recht und Rechtsempfinden einschneidende Neuerungen bringt, die aber vor allem in ihren finanziellen Konsequenzen nur von Leuten übersehen werden kann, denen die Lotteriematerie von Grund auf vertraut ist. Es ist für unsere parlamentarischen Zustände geradezu beschämend, mit wie wenig Sachkenntnis in diesem Falle die Volksvertretungen ihre Entscheidung getroffen haben, und noch beschämender, wie gering das Bestreben der zur Entscheidung Berufenen ist, sich die in vielen Materien naturgemäß mangelnde, aber so dringend notwendige Sachkunde anzueignen.

Eigenartigerweise hat der preußische Landtag das Ergebnis der Verhandlungen im bayerischen Parlament gar nicht abgewartet, sondern nach der in der Materie üblichen kurzen Beratung dem Vertrag seinerseits die Zustimmung gegeben. Vom preußischen Standpunkt aus ist die Kürze der Beratung allerdings verständlich. Denn abgesehen davon, daß Preußens Volksvertretung infolge des langjährigen Bestandes seiner Staatslotterie natürlich viel besser in den einschlägigen Fragen orientiert und daher zu rascher Entscheidung befähigt ist, hat Preußen von dem Lotterievertrag ganz erhebliche finanzielle Vorteile. Die Vorteile sind — darüber im folgenden Näheres — so erheblich, daß es taktisch direkt unklug gewesen wäre, vor endgültigem Abschluß mit allen Kontrahenten zu eingehend öffentlich darüber zu verhandeln.

Durch die Auflösung des bayerischen Landtags hat sich die parlamentarische Behandlung der Lotterievorlage für Bayern zeitlich etwas verschoben. Glücklicherweise —, denn es ist dadurch wenigstens der Versuch möglich geworden, die Öffentlichkeit und vor allem das Parlament über die außerordentlich schweren Bedenken aufzuklären, die dem Beitritt des Königreichs Bayern zu dem preußisch-süddeutschen Lotterievertrag entgegenstehen.

Dieser Versuch soll im folgenden unternommen werden durch Klarlegung der ethischen, rechtlichen und wirtschaftlichen Momente, die unbedingt zur Ablehnung der Vorlage führen müssen.

I.

Gegen die Lotterievorlage sprechen vor allem ethische Gründe.

Das Reichsstrafgesetzbuch belegt mit empfindlicher Strafe den, der „aus dem Glückspiel ein Gewerbe macht". Etwas anderes aber tut der Staat, der Einkünfte aus der Veranstaltung von Lotterien zieht, auch nicht. Es ist und bleibt eine moralisch verwerfliche Einnahme, und alles, was von den Befürwortern des Vertrags vorgebracht werden konnte, ist im wesentlichen ein Plaidoyer für mildernde Umstände. Diese mildernden Umstände sollen in der Finanznot einerseits und anderseits in der Tatsache erblickt werden, daß bei Mangel einer eigenen Staatslotterie in fremden Lotterien gespielt würde. Nun wird sich aber an der letzteren, unbestreitbaren Tatsache auch bei Einführung einer Staatslotterie nichts ändern, denn einer alten Erfahrung gemäß werden die Spieler ihre bisherigen fremden Lose weiterspielen, schon weil sich damit der Reiz des Verbotes verknüpft. Es werden aber zweifellos, wenn das Spielen durch Schaffung der Staatslotterie erleichtert wird, eine Menge von Leuten, die bisher nicht gespielt haben, es künftig auch damit versuchen. Der volkswirtschaftliche und ethische Schaden wird also bedeutend verstärkt, die finanziellen Mißlichkeiten (Spiel in fremden Lotterien) bleiben.

Es zeigt eine starke Verkennung der Spielerpsyche, wenn man hofft, durch Einführung einer staatlichen Lotterie „den Spieltrieb in geordnete Bahnen leiten zu können“, wie offiziell ausgeführt wurde. Der Spieltrieb läßt sich nicht kanalisieren, und alle Erfahrungen in den andern Bundesstaaten, die Preußens Lotterie eingeführt haben, beweisen schlagend, daß gerade die preußischen Lose bei der bürokratischen Art ihres Vertriebs und der unendlichen Menge von Bestimmungen, Verboten und Geboten, die dabei vom Spieler und vom Kollekteur zu beachten sind, sehr unbeliebt und sicher ungeeignet sind, fremde Lose zu verdrängen.

Der moderne Staat sollte aber auch — und damit kommen wir zum zweiten Motiv, der Finanznot — seine Bedürfnisse aus anderen Quellen als der des gewerbsmäßigen Glücksspiels bestreiten. Konrad Haußmann hat im württembergischen Landtag schon mit Recht ausgeführt, daß ihm jede Steuererhöhung lieber sei als die Errichtung einer Staatslotterie. Es müßte doch merkwürdig zugehen, wenn bei einem Etat, der wie unser bayerisches Budget in Einnahmen und Ausgaben mit fast $^{3}/_{4}$ Milliarden bilanziert, ein Posten von wenig über 2 Millionen jetzt auf einmal unmöglich entbehrt werden, d. h. ganz neu geschaffen werden müßte! Die Rente der ersten fünf Vertragsjahre mit 2215000 M. stellt wenig über ein Viertel Prozent der Gesamtstaatseinnahmen (genau 0,29 %) dar. Bei einem verhältnismäßig so geringfügigen Posten hat der bayerische Staat sicher keinen Anlaß, mit bewährten Grundsätzen der Staatsmoral zu brechen, um so weniger als sich an anderen Stellen des Etats sicher Einsparungen machen lassen und z. B. die Einnahmen aus dem Malzaufschlag zweifellos zu pessimistisch geschätzt sind. Es ist auch etwas ganz anderes, ob man eine seit mehr denn hundert Jahren bestehende Lotterie hat oder ob man eine solche neu einführt. Man kann von Preußen nicht gut verlangen, daß es eine längst bestehende Einnahme auf einmal streicht. Bayerns Regierung und Volksvertretung haben einmütig um die Mitte des vorigen Jahrhunderts das Lotto abgeschafft und ebenso einmütig alle Versuche nach Einführung einer neuen Staatslotterie immer wieder abgelehnt.

Es ist dringend zu wünschen, daß mit dieser vornehmen Tradition nicht gebrochen wird. Ihre Aufrechterhaltung hat in der badischen ersten Kammer der Präsident des Verwaltungsgerichtshofs Exzellenz Geh. Rat Dr. Lewald zutreffend mit folgenden Worten gefordert:

„Es ist anzuerkennen, daß gewichtige Gründe finanzpolitischer Art für die Vorlage geltend gemacht werden können und daß uns das Vordringen der preußischen Klassenlotterie in eine mißliche Lage bringt. Trotzdem kann ich nicht für das Gesetz stimmen. Es handelt sich für mich dabei nicht um Einzelheiten, auch nicht darum, ob wir durch den Vertrag etwa in ein Abhängigkeitsverhältnis von Preußen kommen könnten. Für mich handelt es sich um grundsätzliche Erwägungen, über die ich nicht hinauskomme. Ich bin der Meinung, daß es sich für den Staat nicht schickt, wenn er als Lotterieunternehmer auftritt, um aus der Lotterie Gewinn zu ziehen und die Spielleidenschaft zu züchten. Der Staat setzt sich damit in Widerspruch mit den Moralprinzipien, welche das Strafgesetz aufstellt. Dieses stellt das gewerbsmäßige Glücksspiel unter Strafe und läßt für ein solches Vergehen auch die Aberkennung der bürgerlichen Ehrenrechte zu. Ist es aber nicht gewerbsmäßiges Glücksspiel, wenn der Staat aus der Lotterie Gewinn zieht? Wir haben heute ein feineres Empfinden für das Staatsansehen, und vieles, was in früherer Zeit auf finanzpolitischem Gebiete erlaubt war, ist heute nicht mehr schicklich. Es handelt sich bei den Klassenlotterien um nichts mehr neues. Mag Preußen seine Lotterie behalten. Es muß aber gesagt werden, daß alle namhaften Nationalökonomen und Finanzwissenschaftler die Lotterie verdammen. Bei uns soll die Klassenlotterie, wie uns versichert wird, in vornehmer Weise und ohne Reklame durchgeführt werden. Ist es aber nicht die stärkste Reklame, wenn der Staat die Lotterie selbst in die Hand nimmt und das Staatswappen über den Kollektenstellen prangt, in deren Büros pensionierte Offiziere sitzen! Das heißt nichts anderes als: ‚Nur hereinspaziert meine Herrschaften, hier wird ein honettes solides Geschäft gemacht!' (Heiterkeit.) Ich bin überzeugt, daß nach der Einführung der Klassenlotterie viele Leute in unserem Lande spielen werden, die es bisher nicht getan haben, und das Spielen in anderen Lotterien trotzdem nicht aufhört. Ich möchte das Haus an einen Vorgang aus dem Jahre 1871 erinnern, der gerade jetzt für mich eine Bedeutung hat. Im Mai 1871, kurz nachdem der erste Reichstag zusammengetreten war, stand in demselben der Gesetzentwurf, die Inhaberpapiere betr., zur Diskussion. Zu diesem Gesetz wurde damals ein Amendement gestellt, das die Aufhebung der bestehenden ständigen Lotterien bezweckt. Unter diesem Antrage standen glänzende badische Namen. Lamey, der den Antrag begründete, Kiefer, Eckhard u. a. hatten ihn unterschrieben. Was würden diese Männer sagen, wenn sie heute den uns vorliegenden Gesetzentwurf sehen würden. Es scheint, daß sich gegen früher unsere Denkungsweise geändert hat und daß man vieles nüchterner beurteilt. Ich bleibe auf dem Standpunkt jener Männer im ersten Reichstag, mögen Sie es nun Sentimentalität oder anderes nennen. Die Vorlage ist mir zuwider, ich lehne sie ab."

Den gleichen ablehnenden Standpunkt vertrat nach Exz. Lewald namens der kirchlichen Kreise Prälat Schmitthenner.

Was jede Vermehrung staatlicher Lotterien in Deutschland bedeutet, mögen folgende Zahlen beleuchten:

Die hamburgische Staatslotterie arbeitet mit einem Kapital von 18022000 M. pro Lotterie, die sächsische mit 25575000 M.; beide Summen sind, da jährlich zwei Ausspielungen stattfinden, doppelt anzusetzen. Die dritte und letzte deutsche Staatslotterie, d. i. die preußische Klassenlotterie hat ausweislich das Etats der preußischen Lotterieverwaltung zuletzt 160 178 600 M. Jahresbruttoeinnahme erzielt. Nachdem die Ausgabe von weiteren 80 000 Stammlosen zu 200 M. für den Fall des Vertragsschlusses vorgesehen ist, sind weitere 32 Millionen anzusetzen.

Im ganzen würden künftig also folgende Summen in die deutschen Staatslotterien alljährlich einbezahlt:

Hamburg	18 022 000 M.
	18 022 000 M.
Sachsen	25 575 000 M.
	25 575 000 M.
Preußen bisher . . .	160 178 600 M.
künftige Mehrung etwa	32 000 000 M.
	279 372 000 M.

Legt man das Ergebnis der Volkszählung vom 1. Dezember 1910 zugrunde (64 925 993 Seelen), dann kommt auf den Kopf der Bevölkerung ein Betrag von 4.30 M. Es trägt also durchschnittlich jeder Deutsche jährlich 4.30 M. in die bestehenden Staatslotterien!

Aus dem Gesamtspielkapital dieser Lotterien werden dann die Gewinne verteilt. Soweit kleinere Gewinnbeträge zur Auszahlung gelangen, werden sie fast ausnahmslos wieder in die Lotterie getragen, aber auch die großen Gewinne wirken selten segensreich. Gefördert aber wird vom Staate der Hang, ohne Arbeit reich zu werden, vom Staate, der seine Mitglieder zu der Überzeugung erziehen sollte, daß die Werterzeugung durch Arbeit das Fundament unserer Gesellschafts- und Wirtschaftsordnung bildet.

Die Klassenlotterie, bei welcher erfahrungsgemäß sehr häufig kleine Leute sich zum Spiel zusammentun, wirkt nach dieser Richtung nicht viel weniger schädlich als das berüchtigte Lotto.

Und auch die preußische Klassenlotterie macht hievon keine Ausnahme. Sie ist — naturgemäß — bestrebt, ihre Lose möglichst zu verbreiten, und auch sie kann hiezu der Reklame nicht entraten. Man kann, wenn man die vor den Ziehungen fast in jeder Nummer der preußischen Tageszeitungen erscheinenden Anzeigen der Lotterieeinnehmer liest, sich hiervon überzeugen. Und daß die Reklame manchmal die an ihr von amtlicher preußischer Seite immer wieder gerühmte Vornehmheit gründlich vermissen läßt, zeigt eine kurz nach Publikation des Staatsvertrags in Süddeutschland verbreitete Propagandaschrift, die unter dem Titel „Die preußisch-süddeutsche Klassenlotterie", „**Ein Leitfaden für jedermann**" im Verlag von J. C. Huber in Diessen erschienen ist; die Schrift ist geradezu marktschreierisch mit einem grellroten Bande versehen, das den Aufdruck trägt: „1 000 000 M. höchster Treffer!" und enthält außer den amtlichen Publikationen eine Reihe den Spielantrieb anreizender, teilweise direkt unrichtiger Angaben.

Mit der immer wieder von preußischer Seite aufgestellten Behauptung, in der preußischen Klassenlotterie werde der Spieltrieb nicht künstlich geweckt, die bisher nicht spielende Bevölkerung nicht zum Spiel erzogen, steht in auffallendem Widerspruch folgender Satz des amtlichen Publikationsorgans der K. Preußischen General-Lotteriedirektion:

> „Die Einwohner Bayerns, bis jetzt mit den Einrichtungen einer Klassenlotterie unbekannt und einer solchen im allgemeinen nicht besonders günstig gegenüberstehend, müssen gewissermaßen erst zu dieser Lotterie erzogen werden; und mit welchen Schwierigkeiten da zunächst der Absatz der Lose vor sich geht, vermag der Außenstenhende nicht zu beurteilen."

Sapienti sat! Bayerns Bevölkerung soll erst zur Klassenlotterie erzogen werden. Die „Erziehung" wird naturgemäß vor allem bei dem nicht wohlhabenden Teil der Bevölkerung einsetzen, da die Besitzenden, soweit sie spielbedürftig sind, schon bisher in fremden Lotterien spielten und diese Lose weiter spielen werden. Es werden sich, wie man das in den anderen Lotteriestaaten immer erfahren hat, viele kleine Leute, deren Pfennige der Familie zugeführt werden sollten, dazu verleiten lassen, gemeinsam in der Staatslotterie zu spielen, und immer wieder zu spielen. Der Schaden der Klassenlotterie bleibt damit, wie schon erwähnt, für unsere Kulturzustände betrachtet, nicht weit hinter den schweren

Schäden des Zahlenlottos zurück. Bayern hat das Lotto, das es hatte, abgeschafft und damit auf eine erhebliche vorhandene Einnahme verzichtet, Bayern hat bisher konsequent und einmütig die Klassenlotterie abgelehnt. Die Verleugnung dieser Tradition wäre ein schwerer Verstoß gegen die Ethik, die dem Staate höher stehen muß als eine verhältnismäßig geringe, später höchst unsichere Einnahme.

II.

Gegen die Lotterievorlage sprechen aber auch erhebliche rechtliche Bedenken.

Artikel 3 des Staatsvertrags vom 29. Juli 1911 verpflichtet die Regierungen der drei süddeutschen Vertragsstaaten dazu, gegen das Spiel und den Vertrieb von Losen nicht zugelassener Lotterien gesetzliche Strafbestimmungen zu erlassen, die mit den im Königreich Preußen bestehenden Strafvorschriften im wesentlichen übereinstimmen.

Auf Grund dieser Verpflichtung hat die bayerische Regierung dem Landtag außer dem Staatsvertrag noch den Entwurf eines Gesetzes über das Lotteriespiel zur Genehmigung vorgelegt, der den preußischen Rechtszustand auf dem Gebiete des Lotteriespiels auch auf Bayern übertragen soll.

Derartige Transplantationen sind immer eine riskante Sache, und für süddeutsches, insbesondere bayerisches Rechtsempfinden würde das preußische Lotteriestrafrecht aus den im Folgenden näher zu erörternden Gründen sicher ein Fremdkörper bleiben.

1. Das bisherige bayerische Lotterierecht verkörperte sich in den Artikeln 57 und 57a des Polizeistrafgesetzbuches. Diese Normen bedrohten das Spiel in nicht zugelassenen Lotterien mit Geldstrafe bis zu 150 M., den Verkauf verbotener Lose und die öffentliche Ankündigung nicht zugelassener Lotterien mit Geldstrafe bis zu 150 M. oder Haft. Künftig soll das Spiel in

nicht zugelassenen Lotterien mit Geldstrafe bis zu 600 M., eventuell mit Haft (!), und eine Reihe von mehr oder minder qualifizierten sonstigen Verstößen gegen das wahrhaft drakonische Lotteriegesetz werden mit ganz erheblichen Geldstrafen (bis zu sechstausend Mark) und Gefängnisstrafen (bis zu sechs Monaten!) belegt. Abgesehen davon, daß durch die Annahme des preußischen Gesetzes unsere Strafrechtspflege in einer ihrer ganz unwürdigen und abstoßenden Weise zur Dienerin rein fiskalischer Tendenzen gemacht würde, ist auch die Rechtswirksamkeit der Bestimmungen schweren Zweifeln ausgesetzt.

Das Reichsstrafgesetzbuch regelt in seinen §§ 284 bis 286 die Materie der strafbaren Befassung mit dem Glücksspiel. Nun bestimmt Art. 2 des Einführungsgesetzes zum Strafgesetzbuch, daß das Strafrecht der Bundesstaaten, soweit es reichsrechtlich geregelte Materien betrifft, außer Kraft tritt. Damit ist nach richtiger Ansicht, die von unseren angesehensten Kriminalisten (Prof v. Liszt, Senatspräsident am Reichsgericht Dr. Olshausen, Prof. Finger, Prof. Frank, Rubo u. a.) geteilt wird, der Landesgesetzgebung überhaupt die Befugnis entzogen, strafrechtliche Bestimmungen über Lotterien zu erlassen. Die trotzdem erlassenen landesrechtlichen Bestimmungen sind rechtsungültig.

Für die Rechtsungültigkeit sprechen noch eine Reihe weiterer Gründe, die natürlich im Rahmen dieser Schrift nicht eingehend erörtert werden können,*) und von denen nur einige wenige zur Beleuchtung des Rechtszustandes kurz erwähnt werden sollen.

Die Motive zum Strafgesetzbuch sagten ausdrücklich, daß die Vorschriften gegen das Spiel in ausländischen Lotterien durch das Reichsstrafgesetzbuch nicht berührt werden sollten. Vorschriften zum Schutz der Bevölkerung gegen Überschwemmung mit Schwindellosen des Auslands sollte also auch künftig die Landesgetzgebung erlassen

*) Ich habe die einschlägigen Rechtsfragen in einem der Juristischen Gesellschaft München vom 13. Oktober 1911 erstatteten Referat detailliert behandelt, das in dem demnächst erscheinenden Jahresbericht der Gesellschaft auszugsweise wiedergegeben ist. Der Verf.

können. Darin liegt eine weitere Bestätigung der Ansicht, daß gegen inländische, d. h. bundesstaatliche Lotterien keine Landesstrafbestimmungen geschaffen werden dürfen.

Weil nun aber damit den fiskalischen Interessen der Lotteriestaaten nicht gedient gewesen wäre, hat man sich auf dem Standpunkt gestellt, daß Ausland im Sinne dieser Bestimmung jeder andere deutsche Bundesstaat sei! Und das, obwohl der § 8 desselben Reichsstrafgesetzbuches ausdrücklich sagt:

„Ausland im Sinne dieses Strafgesetzes ist jedes nicht zum Deutschen Reiche gehörige Gebiet", und obobwohl die Reichsverfassung sagt, daß für die Angehörigen eines Bundesstaates jeder andere Bundesstaat als Inland zu gelten hat!

Es ist tief bedauerlich, daß eine Anzahl von gerichtlichen Entscheidungen, darunter auch solche des Reichsgerichts, diese Auslegung nicht zurückgewiesen haben und es den Regierungen ermöglichen, sich darauf zu berufen.

Man sollte aber wenigstens den oben wiedergegebenen Erwägungen insoweit entsprechen, als man es bei den bestehenden, ebenfalls schon gegen das Reichsrecht und vor allem gegen den Geist der Reichsverfassung verstoßenden Bestimmungen bewenden läßt und nicht in Bayern die beispiellosen Verschärfungen einführt, die das preußische Recht enthält. Hiefür noch einige Proben!

2. Das geplante Lotteriegesetz bricht mit dem reichsrechtlichen Begriff des fortgesetzten Delikts. Das heißt: nach allgemeinem Strafrecht wird derjenige, der aus einem einheitlichen Vorsatz heraus mehrere zusammenhängende strafbare Handlungen gleicher Art begeht, wegen eines fortgesetzten Delikts bestraft. Nach preußischem Lotteriestrafrecht aber wird ein Kollekteur, der z. B. 100 Lose einer im Lande nicht zugelassenen Lotterie gleichzeitig an 100 verschiedene Adressen verschickt, wegen 100 Vergehen gegen das Lotteriegesetz gestraft!

Ein Lehrling, der im Geschäfte eines Kollekteurs auf 100 solche Lose enthaltende Kuverts 100 Adressen schreibt oder 100 Marken klebt, wird ebenfalls wegen 100 Vergehen gegen das Lotteriegesetz gestraft. Da dieser Angestellte vom Kollekteur in seinem Gewerbe verwendet ist, beträgt die Mindeststrafe für die einzelne Adresse einhundert Mark, und er muß daher zu zehntausend Mark Geldstrafe verurteilt werden!

Wenn der bayerische Entwurf bei solchen Fällen auch (abweichend vom preußischem Recht) eine Gesamtstrafe zuläßt, so bleibt der Widerspruch dieser neuen Bestimmungen zu den obersten Grundsätzen unseres Strafrechts ein so schwerer, daß die Ablehnung solcher monströsen Bestimmungen selbstverständlich sein sollte.

3. Wie kasuistisch, wie unwürdig daher für die Rechtspflege die geplanten Bestimmungen sind, zeige der unkommentierte Abdruck des Artikels 15 des Gesetzentwurfes, der lautet:

„Jede einzelne Verfehlung gegen die Vorschriften dieses Gesetzes mit Ausnahme der Vorschriften in den Artikeln 1, 5 und 9, insbesondere jede einzelne Verkaufs-, Überlassungs- oder Vertriebshandlung, jedes einzelne Anbieten, Bereithalten, Auslegen, Ausstellen, Aushängen, Versenden eines Loses, eines Losabschnitts, eines Bezugsscheins, eines Anteilsscheins, eines Angebots, einer Anzeige oder eines Lotterieplans, jedes einzelne Auffordern zur Beteiligung an Losgesellschaften, jedes einzelne Veröffentlichen und Bekanntgeben von Gewinnen wird als selbständige strafbare Handlung geahndet, auch wenn die einzelnen Handlungen zusammenhängen und auf einen einheitlichen Vorsatz des Täters oder Teilnehmers zurückzuführen sind.

Mehrere hienach verwirkte Gefängnis- und Geldstrafen sind je für sich auf eine Gesamtstrafe zurückzuführen, die in einer Erhöhung der verwirkten schwersten Strafe besteht.

Das Maß der Gesamtstrafe darf den Betrag der verwirkten Einzelstrafen nicht erreichen, auch einjähriges

Gefängnis und zwanzigtausend Mark Geldstrafe nicht übersteigen.

Diese Vorschriften finden auch Anwendung, wenn vor der Vollstreckung, Zahlung, Verjährung oder vor dem Erlasse der Strafe die Verurteilung wegen einer strafbaren Handlung erfolgt, die vor der früheren Verurteilung begangen war."

4. Bisher war in Bayern nach Art. 57a des Polizeistrafgesetzbuchs mit Geldstrafe bedroht, wer eine nicht zugelassene Lotterie öffentlich ankündigt. Nach dem Entwurf (Art. 5) soll schon jeder, der Gewinnergebnisse einer nicht zugelassenen Lotterie irgendwie, insbesondere in einer bayerischen Zeitung bekannt gibt, bestraft werden. Das führt dahin, daß der Redakteur einer Zeitung, in deren vermischtem Teil z. B. die Mitteilung gebracht wird, daß der Hausbursche N. N. den Haupttreffer in der Kölner Dombaulotterie gewonnen habe, wegen Verstoßes gegen das Lotteriegesetz gestraft wird. Und wie rigoros auch die Handhabung dieses Gesetzes wirken kann, zeige folgende Mitteilung der „Preußischen Lotterie-Zeitung" vom 15. Januar 1912:

> Verurteilung eines Redakteurs wegen Lotterievergehens. Der frühere verantwortliche Redakteur des „Friedländer Wochenblattes", Peter Feller (Friedland i. Sch.), stand vor einigen Tagen unter der Anklage des Lotterievergehens vor der Waldenburger Strafkammer. Er hatte in Nr. 63 des „Friedländer Wochenblattes" vom 26. August v. J. ein Inserat aufgenommen, durch das Baseler Dombaulose angepriesen wurden, deren Vertrieb laut Vermerk auf den Losen in der ganzen preußischen Monarchie gestattet sei. Vor Aufnahme des Inserats hatte F. bei der Polizeiverwaltung angefragt, ob es zulässig sei, das Inserat aufzunehmen; er wurde indes beschieden, das sei eine Sache des verantwortlichen Redakteurs. Nach Aufnahme des Inserats wurde Anklage gegen ihn erhoben, da durch das Inserat zum Spielen in einer auswärtigen Lotterie aufgefordert worden war, der F. gewissermaßen als Mittelsperson gedient hatte. Der Gerichtshof ging über den Antrag des Staatsanwalts hinaus und erkannte auf 100 M. Geldstrafe oder zehn Tage Gefängnis.

4. Noch eine Konsequenz des preußischen Lotterierechts: § 763 BGB. sagt: „Ein Lotterievertrag ist verbindlich, wenn die Lotterie staatlich genehmigt ist." Wenn also auch

nur ein Bundesstaat die Lotterie genehmigt hat, dann sind die Verträge des Spielers mit dem Kollekteur für das ganze Reich verbindlich und zivilrechtlich wirksam. Diese Tatsache ist völlig unbestritten. Nimmt man nun an, ein in Leipzig wohnender Sachse spielt ein Los in der sächsischen Staatslotterie, die wie die anderen deutschen Lotterien fünf Klassen hat. Er verzieht dann vor der Ziehung der vierten Klasse nach Berlin, also nach Preußen, wo das Spiel und der Vertrieb sächsischer Staatslose mit schwerer Strafe bedrohte Handlungen sind. Die Konsequenzen sind folgende: der Spieler muß auf Grund des gültigen Vertrags das Los zur vierten und fünften Klasse dem Kollekteur abnehmen, obschon er damit strafbar wird; der Kollekteur steht vor der Alternative, entweder das Los nicht zu liefern und dann auf Grund des Vertrags dem Spieler für allen Schaden, insbesondere auch entgangene Gewinne zu haften oder das Los pflichtgemäß zu liefern und eine Strafe bis zu fünfzehnhundert Mark (bei Rückfall dreitausend Mark) zu riskieren.

Daß dieser Rechtszustand unwürdig ist, bedarf keiner näheren Ausführung. Er steht auch mit dem Rechtsempfinden des Volkes in schärfstem Widerspruch, und der Entwurf sollte deshalb auch von denjenigen, die das Landesrecht an sich zur Regelung für befugt halten, wegen der hier nur kurz geschilderten Folgeerscheinungen aus Achtung vor dem Recht und den Organen der Rechtspflege abgelehnt werden.

III.

Der Vertrag mit Preußen ist endlich aber auch finanziell für Bayern so ungünstig, daß er abgelehnt werden muß.

Eigentlich sollte man annehmen, daß ein Vertrag, der so schwere ideelle Opfer erfordert und so erhebliche rechtliche Bedenken gegen sich hat, finanziell ganz bedeutende Vorteile für Bayern bringen müßte. Dem ist aber nicht so. Im Gegenteil: Bayern würde mit der Zulassung der preußischen Lotterie unter den jetzt vorgeschlagenen Bedingungen ein sehr schlechtes Geschäft machen.

1. Preußen bietet für die ersten fünf Vertragsjahre eine jährliche Pauschalrente von 2215000 M., das sind etwa 33 Pfennige für den Kopf der Bevölkerung. Die gleiche Quote ergibt sich für Baden und Württemberg. Dieser Betrag ist viel zu niedrig, wenn man damit die Summen vergleicht, die Preußen an die anderen deutschen Staaten für die Zulassung seiner Lotterie bezahlt.

Preußen bezahlt für Zulassung seiner Lotterie an:

Mecklenburg-Schwerin .	400 000	M bei	625 000	Einwohnern
Mecklenburg-Strelitz . .	77 000	„ „	103 000	„
Lübeck	200 000	„ „	110 000	„
Hessen	800 000	„ „	1 209 000	„
Reuß j. L.	65 000	„ „	145 000	„
Oldenburg	100 000	„ „	440 000	„
Braunschweig	475 000	„ „	485 000	„
Bremen	75 000	„ „	263 000	„
Elsaß-Lothringen . .	550 000	„ „	1 800 000	„

Während also die süddeutschen Staaten nur 33 Pfennig pro Kopf der Bevölkerung bekommen sollen, berechnet sich die Entschädigung für das kleine Braunschweig auf eine Mark und für Lübeck sogar auf fast zwei Mark pro Kopf. Auf Bayern entfielen nach dem Lübecker Satz nahezu 14 Millionen Jahresrente. Nun kann man selbstverständlich nicht einfach in dieser rohen Weise Analogieschlüsse ziehen. Es ist zu berücksichtigen, daß die Kaufkraft der Lübecker Bevölkerung bedeutend größer ist als die des Durchschnittsbayern und weiter, daß Lübeck eine allerdings erst kurz bestehende und kaum lebensfähige eigene Lotterie hatte, an deren Beseitigung Preußen aber viel lag. Anderseits darf aber nicht verkannt werden, daß Bayern bei Abschluß des Vertrags mit Preußen für die ganze Vertragsdauer auf die Schaffung einer eigenen Lotterie verzichtet und daß für Preußen dadurch dies Entstehen einer neuen Konkurrenzlotterie erspart bleibt.

Nimmt man nun die Kaufkraft der Lübecker Bevölkerung selbst als vierfach so groß wie die des bayerischen Volkes an, so würden sich immer noch $3^1/_4$ Millionen statt der gebotenen 2215000 Mark für Bayern ergeben.

Die Augsburger Postzeitung hat in einer sehr bemerkenswerten Artikelfolge (Nummern vom 6. und 7. Oktober 1911) weiter darauf hingewiesen, daß bei Zugrundelegung des von Preußen an das doch sicher nicht kaufkräftigere Mecklenburg-Schwerin gezahlten Kopfsatzes Bayern 4 Millionen erhalten müßte. Der Artikel fährt fort:

„Braunschweig erhält bei einer Bevölkerung von $^1/_2$ Million 475000 M., also fast 1 Mark pro Kopf, was bei Bayern, unter Zugrundelegung von der halben Kaufkraft wie Braunschweig, $3^1/_3$ Millionen ergeben würde.

Diese Beispiele ließen sich beliebig an der Hand der anderen mit Preußen in einem Lotterievertragsverhältnis stehenden Staaten erweitern. Hier sei lediglich noch auf Hessen verwiesen, das bei einer Bevölkerung von 1000000 Einwohnern 800000 M. bekommt, was bei Bayern $4^1/_2$ Millionen Mark entsprechen würde."

Jedenfalls geht aus diesen Ziffern hervor, daß Bayern für die Aufgabe seines Lotteriehoheitsrechtes 3—4 Millionen Jahresrente fordern müßte, und zwar dauernde Jahresrente. Hier ergibt sich ein weiterer schwerer Nachteil für Bayern.

2. Nach Ablauf der ersten fünf Vertragsjahre hört die Pauschalierung auf, und an die Stelle der festen Jahresrente von 2215000 M. tritt eine nach dem wirklichen Loseabsatz des Vorjahres sich richtende Summe. Diese Summe beträgt nominell 42 M. pro abgesetztes Los. Bei den letzten Verhandlungen im preußischen Landtag ist die Gewährung dieser Summe als besondere Konzession an die süddeutschen Staaten hervorgehoben worden, da früher, d. h. den anderen Staaten meist nur 40 M. für das abgesetzte Los zugestanden worden seien. In Wahrheit steht diese „Konzession" auf dem Papier. Artikel 6 Absatz II des Staatsvertrags sieht nämlich vor, daß vom sechsten Jahre ab nur 40 M. für jedes abgesetzte Los vergütet werden, wenn sich während der ersten fünf Jahre für Preußen ein „Verlust"

ergibt, d. h. wenn weniger Lose abgesetzt werden, als der Pauschalrente der ersten fünf Jahre entspricht. Das wird aber ganz sicher der Fall sein: Es werden zweifellos in Bayern nicht soviel Lose abgesetzt, als nach der preußischen Berechnung erforderlich wären, um die Rente zu rechtfertigen. Für Preußen wird sich der Rente gegenüber immer ein „Verlust" ergeben.

Die preußische Finanzverwaltung ist sich darüber auch sicher vollständig klar, besonders nachdem sie in allen Vertragsstaaten die gleiche Erfahrung gemacht hat und macht. Sie konnte also ruhig vom sechsten Jahre ab einen Satz von 42 M. pro Los in Aussicht stellen für den Fall, daß kein „Verlust" in ihrem Sinne eintreten sollte; denn dieser Verlust ist unausbleiblich, und es tritt auf alle Fälle der Satz von 40 M. vom sechsten Jahr ab in Kraft. Eine Konzession liegt also hierin nicht.

3. Sehr bezeichnend für das Vorgehen Preußens ist aber auch das Ergebnis einer genaueren Betrachtung dessen, was die preußische Lotterieverwaltung als „Verlust" zu bezeichnen für gut findet.

Artikel 6 Absatz II des Staatsvertrags sagt:

„Ergibt sich während der ersten fünf Jahre der Vertragsdauer gegenüber dem den drei süddeutschen Staaten als Anteil an dem Ertrage der Lotterie zugesicherten festen Jahresbetrag in einem dieser Staaten für Preußen ein Verlust, so wird für jedes weitere Jahr der im Art. 8 Abs. 1 bezeichneten Vertragsdauer der Berechnung des Ertragsanteils des betreffenden Staates ein Einheitssatz von nur 40 M., in Worten: vierzig Mark, für jedes Los so lange zugrunde gelegt, bis der Verlust Preußens ausgeglichen ist."

Hiezu sagt erläuternd Ziffer VI, 1 des Schlußprotokolls:

„Ein Verlust im Sinne des Art. 6 Abs. 3 des Vertrags ist vorhanden, wenn und insoweit der durch den Absatz von Losen in einem der süddeutschen Staaten für die preußische Staatskasse erzielte Gewinn die von Preußen in den ersten fünf Jahren der Vertragsdauer gezahlten festen Jahressummen nicht erreicht. Als Gewinn gilt hierbei ein dem planmäßigen Gewinnabzug entsprechender Prozentsatz (gegenwärtig 14 vom Hundert) von allen durch die Einnehmer des betreffendes Staates tatsächlich vereinnahmten Einsatzgeldern für die abgesetzten und die von den Einnehmern fest übernommenen Lose (Lose, Erneuerungslose, Freilose, Kauflose, verlassene und anderweitig verkaufte Erneuerungslose, abgelehnte und anderweitig verkaufte Freilose)."

„Verlust" liegt also vor, wenn und soweit der preußische „Gewinn" die Jahresrente nicht erreicht. Das führt zu der Gleichung:

Jahresrente minus „Gewinn" = „Verlust".

Da der Verlust vom sechsten Vertragsjahr ab auf Bayern abgewälzt wird, hat Bayern ein Interesse daran, daß auch tatsächlich nur ein wirklicher Verlust ihm zur Last gelegt wird. In der preußischen Rechnung ist aber der „Gewinn" zu niedrig und der „Verlust" zu hoch angesetzt.

a) Der Gewinn Preußens aus den abgesetzten Losen ist wesentlich höher, als die preußische Finanzverwaltung angibt.

Nach der oben niedergelegten Stelle im Schlußprotokoll gilt als Gewinn 14% der tatsächlich vereinnahmten Einsatzgelder. Tatsächlich (d. h. nach Abzug des Reichsstempels und der Schreibgebühr des Einnehmers) vereinnahmt werden nach Artikel 6 Absatz III des Staatsvertraps pro Los 161 2/3 M., für das Jahr also (es finden zwei Lotterien jährlich statt) 323 1/3 M. Hiervon machen 14% die Summe 45.27 M., also rund 45 M. aus. Der Betrag von 45 M. wird von Preußen auch als Gewinn vom einzelnen Los angegeben.

In Wahrheit aber verdient die preußische Lotterieverwaltung aber am Los erheblich mehr. Nach dem amtlichen, dem preußischen Landtag vorgelegten Etat der Lotterieverwaltung für das Jahr 1912 wird die preußische Staatskasse eine Nettoeinnahme von 12617807 M. aus der Klassenlotterie erhalten.

Hiezu müssen aber weiter gerechnet werden die an

die Vertragsstaaten gezahlten Renten, die mit 3617093 M. in den Etat eingestellt sind und mit obiger Nettoeinnahme ein Gesamterträgnis von 16234900 M. ergeben.

Soweit kann das Erträgnis direkt aus dem Etat der Lotterieverwaltung berechnet werden. Nun kommen aber noch zwei erhebliche, nicht in diesem Etat erscheinende Posten dazu.

Diese Posten ergeben sich aus dem Zinsgenuß derjenigen Kapitalien, die in den ersten vier Klassen jeder Lotterie von den Spielern eingezahlt werden und nach Auszahlung der in diesen ersten Klassen verhältnismäßig geringen Gewinne zunächst der Lotterieverwaltung zur Verfügung bleiben. Es handelt sich dabei um kolossale Beträge, wie nachstehende Aufstellung zeigt, die sich an den Plan der 225. Preußischen Klassenlotterie (Juli—Dezember 1911) anlehnt.

Es betragen:

in Klasse	die Einlage-beträge	die Gewinne	bleiben zur Verzinsung	Zinszeit	Zinsen-betrag zu 4 %
I	11252000 M.	661100 M.	10590900 M.	11. 7. — 12. 12. rd. 5 Monate	176515 M.
II	11252000 „	1148192 „	10103808 „	21. 8. — 12. 12. rd. 3 Mt. 20 Tg.	123477 „
III	11510666 „	1665864 „	9844802 „	18. 9. — 12. 12. rd. 2 Mt. 20 Tg.	87512 „
IV	11769333 „	2281152 „	9488181 „	23. 10. — 12. 12. rd. 1 Mt. 30 Tg.	52707 „

somit die Zinsen einer Lotterie . . . . . . 440211 M.
und die eines Jahres (2 Lott.) . . . . 880422 „

Zur Erläuterung der Rubrik „Zinszeit“ sei bemerkt, daß nach der Geschäftsanweisung für die preußischen Lotterieeinnehmer diese die Einsatzgelder 1. Klasse spätestens am Tage vor Beginn der Ziehung, die Einsatzgelder 2.—4. Klasse spätestens 8 Tage nach beendigter Ziehung an die Generallotteriekasse in Berlin abzuführen haben, während die Einsatzgelder 5. Klasse auf den Lotteriekonten bei der Reichsbank und den Postscheckämtern stehen bleiben und demnächst wieder abgehoben und zur Gewinnzahlung 5. Klasse verwendet, also nicht verzinslich angelegt werden. Die Gewinne können vom Spieler erst nach Erscheinen der amtlichen Gewinnliste gefordert werden, deren Herstellung und Versendung an die Einnehmer in der 5. Klasse zurzeit 10—12 Tage in Anspruch nimmt. Mit den Einsatzgeldern 1.—4. Klasse müssen auch die für spätere Klassen von Spielern im voraus bezahlten Einsatzbeträge von den Lotterieeinnehmern an die Generallotteriekasse abgeführt werden.

Diese Summe von rund 880400 M. wird also noch verstärkt um das Zinserträgnis der zuletzt erwähnten Beträge, die von den Spielern zu Beginn der Lotterie für alle oder mehrere Klassen vorausbezahlt werden.

Sehr viele Spieler zahlen, um die Mühe und vermehrten Portokosten der Einsendung jedes einzelnen Klasseneinsatzes zu vermeiden, außerdem auch, um keinen Termin zu versäumen, ihren ganzen Einsatz für die 5 Klassen im voraus. Die Einnehmer der preußischen Klassenlotterien sind angewiesen, auf diese Vorauszahlung nach Möglichkeit hinzuwirken. Außerdem lassen fast alle Spieler, die in der 5. Klasse einer Lotterie „mit dem Einsatz herauskommen", d. h. so viel gewinnen, daß sie damit wieder ein Los für 5 Klassen nehmen können, diesen Betrag der Einfachheit halber gleich stehen. Bei der großen Anzahl von Losen, die Preußen spielt, wachsen die so vorausgezahlten bzw. stehen gelassenen Summen zu enormer Höhe an, und der Gewinn aus der vorübergehenden zinstragenden Anlage ist sehr erheblich, mit 250 000 M. eher zu niedrig als zu hoch angesetzt; er reicht allein schon zur Deckung des größten Teils der gesamten Verwaltungskosten aus.

Diese beiden Posten erscheinen, wie schon erwähnt, im Lotterieetat überhaupt nicht, sondern stecken in dem Posten „Zinserträgnisse" des Etats der Preußischen Seehandlung (entspricht unserer K. Bank), wo sie nutzbringend angelegt werden.

Der Gesamtreinertrag der preußischen Klassenlotterie setzt sich also zusammen aus

12 617 807 M. Nettoeinnahme,
3 617 093 M. Renten der Vertragsstaaten,
880 400 M. } Zinsen, so daß
250 000 M. }
17 365 300 M.

in Wahrheit den Betrag darstellen, den Preußens Lotterie jährlich abwirft.

Auf ein Los — 348 000 Stammlose umfaßt die Lotterie zurzeit — entfallen daher nicht 45 M., sondern rund 50 M. (genau 49 M. 90 Pf.) Gewinn.

Damit ist der Beweis erbracht, daß Preußen seinen Gewinn im Schlußprotokoll zum Staatsvertrag zu gering einsetzt.

b) Hieraus folgt wieder ohne weiteres, daß der Verlust, den Bayern (durch Reduktion der Rente von 42 M. auf 40 M. pro Los) zu tragen hat, in der von Preußen aufgemachten Rechnung zu hoch angegeben ist.

Dies äußert sich in folgendem:

Bayern soll zunächst jährlich 2 215 000 M. Rente erhalten. Bei Zugrundelegung eines Gewinns von 45 M. pro Los müßten nun fast 50 000 Lose (genau 49 223), bei Annahme des zutreffenden Gewinns von 50 M. pro Los dagegen nur 44 300 Lose in Bayern abgesetzt werden, um die Rente zu rechtfertigen. Die ungenaue Berechnung hätte also zur Folge, daß Bayern nahezu 6000 Lose mehr absetzen müßte, um keine Einbuße zu erleiden. Oder, anders ausgedrückt: Preußen erleidet in Wirklichkeit rechnungsmäßig keinen Verlust, sobald 44 300 Lose in Bayern abgesetzt würden. Nach dem Vertrag aber muß sich Bayern, wenn 44 300 Lose abgesetzt werden, seine Entschädigung um 221 500 M. kürzen lassen! (Der Betrag ergibt sich daraus, daß man von der Jahresrente mit 2 215 000 M. den angeblichen preußischen Gewinn [44 300 Lose à 45 M. =] 1 993 500 M. abzieht.)

Weil nun die Kürzung der Entschädigung in der Weise erfolgt, daß bis zur völligen Abbürdung des Gesamt-„Verlustes“ vom sechsten Vertragsjahr ab nur 40 M. statt 42 M. pro Los an Bayern gezahlt werden, wäre, wenn man annimmt, daß selbst schon in den ersten fünf Jahren jährlich 44 300 Lose in Bayern abgesetzt würden, am Beginn des sechsten Vertragsjahrs ein preußischer „Verlust“ von 5 × 221 500 M. = 1 107 500 M. gegeben, zu dessen Abtragung der Absatz von 553 700 Losen notwendig wäre. Die Abtragung würde also länger dauern als die ganze Zeitspanne, auf welche die Dauer des Vertrags zunächst begrenzt ist! Ein weiterer Beweis dafür, welch eine „Konzession“ die Gewährung einer Losentschädigung von 42 M. statt 40 M. bedeutet.

4. Von einem wirklichen Verlust Preußens durch Minderabsatz in den Vertragsstaaten kann aber in gar keinem Falle die Rede sein. Im Gegenteil: Preußen hat ein direktes Interesse daran, möglichst wenig Lose in den Vertragsstaaten abzusetzen. Das leuchtet ohne weiteres ein, wenn man bedenkt, daß Preußen nach seiner eigenen Angabe an dem in Preußen oder im Vertragsausland abgesetzten Los volle 45 M. verdient, während es bei jedem in den Vertragsstaaten abgesetzten Los 40 M. an den betreffenden Staat abführen muß.

Weshalb aber dann überhaupt, so wird man fragen, diese Expansionspolitik, dieses fortwährende Bestreben nach Erweiterung des Vertragsgebietes? Die Antwort ist sehr einfach: Der preußische Landtag hat den Etat der Lotterieverwaltung zu genehmigen. Nun wird zwar nicht der Lotterieplan selbst dem Landtag zur Genehmigung unterbreitet, wohl aber wird dieser Plan als Begründung des Einnahmeansatzes dem Lotteriebudget beigegeben. Dadurch ist dem Landtag indirekt auch die Möglichkeit gegeben, durch Begrenzung des Einnahmepostens Einfluß auf die Gestaltung des Plans, insbesondere auf die Zahl der Lose zu nehmen.

Der preußische Landtag würde nun angesichts der für Preußen schon hohen Zahl von Losen nie einer Vermehrung der Lose ohne gleichzeitige Ausdehnung des Lotteriegebiets zustimmen. Die Lotteriedirektion weiß aber, daß vor allem in Preußen selbst, aber auch im Ausland noch eine große Anzahl von Losen untergebracht werden kann. Um sich nun die Möglichkeit einer Vermehrung der Lose zu verschaffen, sollen allmählich alle deutschen Bundesstaaten dem preußischen Lotteriegebiet einverleibt werden.

Diese Bundesstaaten werden systematisch dadurch gewonnen, daß man ihnen zunächst bestechend hohe Pauschaljahresbeträge bietet, die überall nach einigen Jahren dadurch verringert werden, daß der tatsächliche Loseabsatz zur Grundlage der weiteren Entschädigung wird. Der weitaus größte Teil der neu zugelassenen Lose wird in Preußen selbst allmählich untergebracht und vermehrt die Einnahme des preußischen Staates, nach den Vertragsstaaten werden möglichst wenig Lose vertrieben.

Die preußische Finanzverwaltung liebt es, immer wieder von den großen Opfern zu sprechen, die sie im Interesse einer „Regelung der Lotterieverhältnisse" den an seine Lotterie sich anschließenden Bundesstaaten brachte und noch bringt. Und die „Preußische Lotteriezeitung" hat die Stirne, in einer ihrer letzten Nummern wörtlich zu schreiben:

> „Nach Mitteilungen bayerischer Zentrumsblätter ist die bestimmte Aussicht vorhanden, daß der zur Vorlage kommende Lotterievertrag zwischen Preußen und Bayern von der Zentrumspartei zu Fall gebracht wird. Es wäre dies im Interesse der preußischen Finanzen nur mit Freuden zu begrüßen!"

Dem „Organ für die amtlichen Mitteilungen der Königlich Preußischen General-Lotterie-Direktion" sind die Trauben offenbar zu sauer, sonst würde es sich folgende Tatsachen vor Augen halten:

Im Großherzogtum Oldenburg, das seit 1906 an die preußische Lotterie angeschlossen ist, sind die ursprünglich fixierten Renten infolge Minderabsatzes schon zurückgegangen.

Im Großherzogtum Hessen, das sich beim Vertragsschluß (1905) klugerweise eine dauernd gleichbleibende Rente (800000 M.) gesichert hat, werden im Gegensatz zu den 15000 früher dort abgesetzten Losen der hessischen Staatslotterie nach sachkundiger Berechnung nur mehr 12000 Lose, davon aber nur 8000 in Hessen selbst, der Rest wohl meist (verbotenerweise) in Süddeutschland.

Im Herzogtum Braunschweig, das gemäß dem Vertrag vom 18. Mai 1906 (in Kraft seit 1. Juni 1909) eine Rente von 475000 M. erhält, also mit einem Absatz von mehr als 11000 Losen rechnete, sollen nach Schätzung Sachverständiger nicht einmal 6000 preußische Lose untergebracht werden können.

Am tiefsten enttäuscht ist das Reichsland Elsaß-Lothringen, dem zunächst 450000 M. Rente geboten waren und dann, als der Landesausschuß den Vertrag abzulehnen drohte, in letzter Stunde 550000 M. gewährt wurden. Man rechnete dort gemäß der Rente mit einem Absatz von mindestens 13000 Losen. Abgesetzt werden aber noch nicht einmal 4000 Lose, und Sachverständige vertreten die Ansicht, daß hievon etwa 1000 Stück nach dem benachbarten Baden vertrieben werden. Die Rente sinkt also nach Ablauf der Garantiezeit, die in Elsaß-Lothringen aber acht Jahre beträgt, von 550000 M. auf etwa 120—160000 M. Die jetzt schon eingetretene Ernüchterung der Reichslande illustriert am besten folgender dem Verfasser zugegangener Brief eines hervorragenden Mitglieds der Zentrumspartei des elsaß-lothringischen Landtags:

> „Der Verkauf der Lose der preußischen Klassenlotterie bleibt hinter den Erwartungen weit zurück. Man will nun die Strafbestimmungen verschärfen, um den Vertrieb anderer Lose zu unterbinden. Eine diesbezügliche Vorlage wurde dem Landtag angekündigt. Nützen wird sie Preußen wenig. Man mag seine Lotterie in einheimischen Kreisen eben nicht. Nach Ablauf der Pauschalierungsjahre werden die Freunde der Lotterie hierzulande einsehen, daß sie ein Stück elsässische Freiheit um ein Linsenmus verkauft haben."

Der Brief führt dann noch aus, daß auch die Lotterien zu charitativen Zwecken, zur Förderung kirchlicher Bauten sehr unter der Herrschaft des preußischen Lotterierechts leiden, daß diese Lotterien so unrentabel geworden sind, daß sich für genehmigte Lotterien nicht einmal Kollekteure finden!

Überall also das gleiche Bild: Der Absatz bleibt weit hinter den Erwartungen zurück, zum Schaden der Vertragsstaaten, aber zum Nutzen Preußens!

Daß es zum Nutzen Preußens so ist, zeigt am klarsten die Entwicklung des Nettoerträgnisses der preußischen Lotterieverwaltung in dieser Zeit der Gewährung hoher Renten:

1904 warf die preußische Lotterie netto (ohne Zwischenzinsen) 9100000 M., 1911 aber 12928307 M. ab! Klarer kann nicht mehr bewiesen werden, daß sämtliche in den Vertragsstaaten nicht abgesetzten Lose in Preußen selbst spielend abgesetzt wurden. Den Vorteil hatte die preußische Staatskasse.

5. In dem oben (S. 26) wiedergegebenen Brief ist eines weiteren Umstandes gedacht, der eine schwere Schädigung bayerischer Interessen bedeuten würde: die privaten Lotterien würden sehr empfindlich getroffen. Jeder Kenner bayerischer Verhältnisse weiß, wie zahlreiche gemeinnützige Interessen in Bayern durch die Erträge von Lotterien gefördert werden müssen: Jugendfürsorge, Kirchenbau, Kunstpflege, Ausstellungswesen, Wohltätigkeit, Fürsorge für Blinde, Krüppel und gar viele andere sicher unterstützungswürdige und unterstützungsbedürftige Zwecke erhalten den größten Teil ihrer notwendigen Mittel durch kleinere Lotterien. Das Spiel in solchen Lotterien ist auch vom ethischen Standpunkte zu rechtfertigen: bei den außerordentlich mäßigen Gewinnaussichten überwiegt beim Kauf eines Loses solcher Art doch wohl meist der Charakter einer wohltätigen Spende. All diese Lotterien und damit die von ihnen verfolgten Zwecke würden gewaltige Einbuße erleiden, die — das ist die unausbleibliche Folge — dann wieder mit öffentlichen Mitteln ausgeglichen werden müßte.

Daß die Privatlotterien geschädigt würden, erweist zur Genüge die Ziff. III, 3 des Schlußprotokolls zum Staatsvertrag, wo es heißt:

> „Die vertragschließenden Regierungen werden im Interesse des finanziellen Ergebnisses der Preußisch-Süddeutschen Klassenlotterie bei Genehmigung oder

Zulassung von Geld-, Sach- oder gemischten Lotterien tunlichste Zurückhaltung üben."

6. Mit Rücksicht darauf, daß dem bayerischen Staate auch von einem Konsortium bayerischer Großbanken ein Angebot gemacht wurde, müssen schließlich noch einige Punkte erwähnt werden, die den preußischen Vertrag auch diesem Angebot gegenüber als viel weniger annehmbar erscheinen lassen:

a) Der von den Banken angebotene Vertrag sah eine höhere und dauernde Rente vor.

b) Während die Preußische Lotteriedirektion für ihren gesamten Postverkehr mit den Einnahmen vollständige Portofreiheit genießt und infolge des Sitzes der Zentrale in Berlin auch alle Telegramme (jeder Einnehmer läßt sich alle Gewinn-Nummern sofort telegraphieren!) der Reichspost bezahlt werden müssen, hätte im Falle einer eigenen, etwa durch ein Konsortium gepachteten Lotterie die bayerische Postverwaltung ganz erhebliche Einnahmen aus Porto und Telegrammgebühren. Die Konsortialangebote sollen sogar bestimmte Erhöhungen der Portoeinnahmen garantiert haben.

Bei der Beurteilung des preußischen Angebots muß aber davon ausgegangen werden, daß sich Bayern auf absehbare Zeit der Möglichkeit zur Errichtung einer eigenen Staatslotterie begibt. Dieser Verzicht auf eine Einnahme müßte eben doch wenigstens annähernd mit dem Betrage bezahlt werden, den die Einnahmequelle in eigener Verwaltung abgeworfen hätte.

c) Das gleiche gilt für die Steuer- und Abgabenfreiheit der Lotterieverwaltung und für die Gewerbsteuerfreiheit der Lotterieeinnehmer (Art. 18 des Lotteriegesetzentwurfs, Art. 4 des Staatsvertrags). All diese von Preußen verlangten Konzessionen hätte man einem Konsortium nicht oder wenigstens nicht ohne entsprechendes Äquivalent zu gewähren brauchen.

d) Dem Lande selbst und seinen Gewerbetreibenden entgeht der Verdienst aus der Herstellung all der vielen

Drucksachen und sonstigen Artikel, die im Lotteriebetrieb notwendig sind und sehr hohe Beträge ausmachen.

e) Man kann auch nicht einwenden, daß ein Konsortium unserer angesehensten Großbanken — unter ihnen befand sich auch die Bank, der die Verwaltung des bayerischen Kronvermögens anvertraut ist — unfaire Reklame für die Lotterie gemacht hätte. Es ist im Gegenteil anzunehmen, daß ihnen gegenüber die staatliche Kontrolle viel schärfer gewesen und daß es jedenfalls ein Leichtes gewesen wäre, die oben (S. 9, 10) gegeißelten Auswüchse der preußischen Reklame zu unterbinden.

d) Auch das Risiko wäre nicht größer gewesen: die Solvenz der beteiligten Banken wäre zweifellos so einwandfrei gewesen wie die des preußischen Staates.

Berücksichtigt man all diese Tatsachen, dann muß es selbst demjenigen, der die Lotterie als solche nicht grundsätzlich ablehnt, in ihr vielmehr nach dem Grundsatz „non olet" lediglich ein Geschäft wie viele andere sieht, unbegreiflich erscheinen, wie das preußische Angebot überhaupt ernstlich in Betracht gezogen werden konnte.

IV.

Wir kommen zum Schlusse: Die Vorlage muß der Ablehnung verfallen, das Angebot Preußens ist für Bayern unannehmbar, wenigstens in seiner derzeitigen Form.

Es muß schon aus rein finanziellen Erwägungen abgelehnt werden, da die gebotene Rente viel zu niedrig und weil sie nur auf fünf Jahre, nicht für die Dauer garantiert wird. Wenn überhaupt eine Beteiligung Bayerns an der Preußischen Lotterie ernstlich in Frage kommen sollte, so ist in Bayern nur eine Form des Zusammenschlusses möglich: das Eingehen einer vollständigen wirklichen Lotteriegemeinschaft. Bayern müßte an dem gesamten rechnungsmäßigen Gewinne der Lotterieverwaltung nach Maßgabe seiner Bedeutung, seiner Bevölkerung und des Loseabsatzes uneingeschränkt beteiligt werden. Bayern müßte wirklichen, seiner Beteiligung entsprechenden Einfluß auf die Gestaltung des Lotterieplans und die Führung der Geschäfte gewinnen. Anstatt dessen will Preußen dem Königreich Bayern nur konzedieren, daß es gemeinsam mit den beiden übrigen süddeutschen Staaten ein Mitglied für die Lotteriedirektion vorschlägt, das vom König von Preußen ernannt und besoldet wird und den preußischen Bestimmungen unterworfen ist! In der Arbeit „pour le roi de Prusse" würde dieses Mitglied höchstwahrscheinlich recht bald seine süddeutsche Färbung ziemlich verlieren, käme aber auch ohnedies in der im übrigen völlig preußischen Behörde gar nicht zu irgendwelcher Bedeutung, besonders wenn ihm, wie nach dem Vertrag beabsichtigt, die Geschäfte des Justitiars übertragen würden.

Die preußische Denkschrift sagt bezeichnenderweise unverblümt:

> „Festzuhalten war unter allen Umständen an der Selbständigkeit der preußischen Lotterieverwaltung. Die Generallotteriedirektion mußte eine ausschließlich preußische Behörde unter Leitung des preußischen Finanzministers bleiben und Einnahmen und Ausgaben des staatlichen Lotteriegeschäfts mußten allein auf Rechnung des preußischen Staats gehen: eine Lotteriegemeinschaft im engern Sinne des Wortes konnte nicht zugestanden werden."

Und fast wie Hohn klingt es aus den Worten, die der Abg. Dr. Arendt am 12. Februar 1912 im preußischen Landtag sprach:

> „Ich glaube, daß die Bestimmungen dieses Vertrages dem bayerischen Selbständigkeitsgefühl so viel Rechnung tragen, daß man sich die Ablehnung überlegen wird —; werden doch die Lotterieeinnehmer als Königlich Bayerische Einnehmer der preußisch-süddeutschen Klassenlotterie bezeichnet; wird doch das Landeswappen über diesen Einnahmestellen angebracht werden; wird doch Bayern in der Generallotteriedirektion vertreten sein, **und**

wird doch vor allen Dingen der alte Name preußische Klassenlotterie abgeändert in preußisch-süddeutsche Klassenlotterie. Ich meine, das letztere ist ein so großes Zugeständnis und so weitgehendes Entgegenkommen preußischerseits, das man doch wohl in Bayern zu würdigen wissen wird.“

Also: gar keinen Einfluß, aber Titel, Wappen, Entsendung eines einzigen Mitglieds in die Direktion und vor allem (!): Abänderung des Namens Preußische Klassenlotterie in preußisch-süddeutsche Klassenlotterie — wahrlich bedeutungsvolle Konzessionen an das „bayerische Selbständigkeitsgefühl!“

Alle diese finanziellen und politischen Erwägungen wurden nur angestellt, um ein möglichst erschöpfendes Bild der Vorlage auch dem zu geben, der sie nicht grundsätzlich ablehnt. Das Erfreulichste aber wäre, wenn der bayerische Landtag, getreu seiner Tradition in derBehandlung der Lotteriefrage, gar nicht in eine Verhandlung über die Einzelheiten des Projektes eintreten, sondern es a limine ablehnen würde und zwar mit einer Mehrheit, die das Projekt ein für allemal, um ein Wort des Abg. Günther zu gebrauchen, „in den Ahnensaal der unrealisierbaren Projekte“ verbannen würde.

Die Frage ist wahrlich weniger denn irgendeine andere eine Frage der Parteipolitik — möge die überwältigende Mehrheit aller Parteien und beider Kammern des Landtags dafür sorgen, daß es wenigstens auf diesem Gebiet staatlicher Ethik auch weiterhin heiße: „Bayern in Deutschland voran!“

FSC
www.fsc.org
MIX
Papier | Fördert gute Waldnutzung
FSC® C083411

Kolibri 360 GmbH
Ferdinand-Jühlke-Straße 7
99095 Erfurt, Deutschland
produktsicherheit@kolibri360.de